AF268045

LE DÉRAILLEMENT

I

REMONTRANCES TRÈS-HUMBLES

A MESSIEURS

DE LA

CHAMBRE ERRANTE

PAR

Le Dr PERTINAX

DE PARIS

Vice-président de l'Académie inter-continentale des propos séditieux,
Secrétaire perpétuel de l'Institut historique des Gêneurs,
Membre correspondant du Bureau des latitudes parlementaires,
Conservateur-archiviste de la Société cosmopolite des vérités explosibles,
ancien Professeur de chimie politique à l'Université madécasse, etc.

PARIS

E. DE BEAUFORT LIBRAIRE-ÉDITEUR

57, RUE DU CARDINAL-FESCH, 57

1869

Reproduction autorisée pour les journaux.

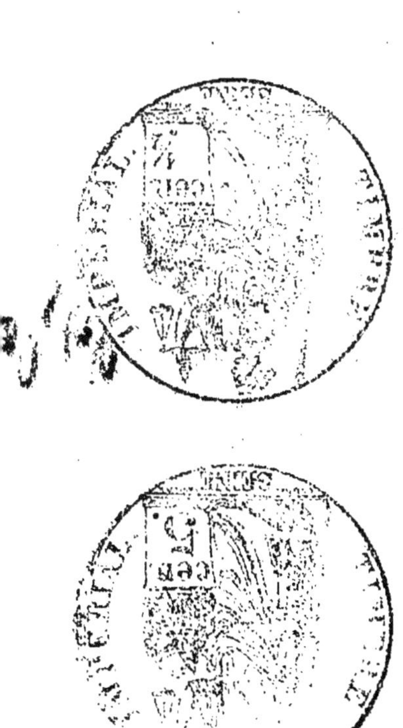

LE DÉRAILLEMENT

A MESSIEURS

DE LA

CHAMBRE ERRANTE

> Du mal qu'on laisse faire on devient le complice.
> ARNAULT, *Régulus*.

> Les bons comptes font les bons amis.
> SAGESSE DES NATIONS.

Il est un temps pour la patience. Il est un temps pour la franchise. Aussi bien le bon peuple de France commence-t-il à trouver, messieurs les validés et les non-validés, votre flegme trop invincible et votre école buissonnière fort déplacée !

Paris vous cherche et ne vous trouve pas. Quelques échos répondent au loin : on vous signale en Suisse, en Italie, aux eaux d'Allemagne. On a vu l'un à Sorrente, rêvant au Tasse ; celui-là fouillait curieusement de sa canne les cendres du Vésuve ; cet autre est à Madrid — il tâte, en amateur, le pouls à la future république espagnole ; ceux-ci sont dans leurs vignes et se délectent — oublieux de la veille, insoucieux du lendemain — en dégustant leurs raisins mûrs.

Et votre mandat, qu'en faites-vous?

Il y a deux mois et plus, vous l'avez soigneusement empaqueté dans un compte-rendu de la dernière séance et fourré tout au fond de votre malle, sous un double rang de chemises et de gilets de flanelle, vous promettant bien, sans doute, de ne lui faire prendre l'air que le plus tard possible.

Ceux-là mêmes qui avaient protesté le plus vivement contre les procédés expéditifs du pouvoir, et qui dénonçaient tout haut cette façon sommaire de supprimer la contradiction en fermant la tribune aux contradicteurs, ont cédé au courant, ils ont suivi le flot ; comme leurs collègues les plus satisfaits ils ont fait leur valise et endossé la jaquette de voyage — non sans avoir au préalable, bien entendu, été toucher à la caisse cette bonne petite indemnité qui venait si fort à point pour solder les frais de route et les notes d'auberge.

Et tous, sans plus attendre, sans regarder derrière vous, vous êtes partis comme une volée de corneilles.

(Je ne dis pas cela pour l'honorable député de la Seine-Inférieure.)

« Vacances et prorogation ! » chantiez-vous sur tous les modes, « prorogation et » vacances ! Au diable les affaires ! Le pays » est inquiet, le peuple est impatient, la » constitution est malade... Que le pays se » rassure, que le peuple se contienne, que » la constitution attende. Nous avons soif

» d'air, de vagabondage et de far-niente.
» Le soleil est beau, le vent est parfumé et
» la plage est prochaine. O vacances! joies
» des hommes sérieux et tranquillité des
» gouvernements! Que nous veulent ces
» naïfs qui s'imaginent qu'au moindre en-
» trebaîllement de porte, nous devons nous
» précipiter pour pénétrer dans la place? Que
» nous veulent ces fâcheux, ces enragés avec
» leurs exhortations importunes? Ne con-
» naissent-ils pas, ces impatients, ne res-
» pectent-ils pas cette saison sacrée où les
» gens graves déposent leur cravate blanche,
» où les diplomates font trêve aux proto-
» coles, où les souverains, les ministres, les
» juges et les députés, où tous les augures
» sociaux enfin, quittent le sceptre, la
» plume ou la toge pour courir les guérets et
» les coteaux, — le beau temps de la chasse
» et de la cure de raisin.

» Il en est, dites-vous, qui restent pen-

» chés sur leur œuvre, sans interruption,
» sans relâche, de la Circoncision à la Saint-
» Silvestre ; il en est de toujours rivés au tra-
» vail, empiétant sur leur sommeil et man-
» geant mal, et cependant contraints, sous
» peine de mourir de faim, de piocher sans
» trêve durant ces beaux mois ensoleillés et
» fleuris qui pour nous s'écoulent rapides
» et lumineux dans les grands bois, sur les
» grands lacs et près des grandes plages.
» Pourquoi réveiller ce souvenir attristant
» qui pourrait gâter nos jouissances et trou-
» bler nos heures de béatitude ? Que voulez-
» vous, d'ailleurs, c'est la loi de nature ! Ne
» sommes-nous pas la partie noble du pays,
» nous autres, le cerveau de la France ? Ne
» faut-il pas que le cerveau qui crée, que le
» cerveau qui dirige, se repose, s'apaise, se
» rafraîchisse ? Mais il ferait beau voir que
» les poumons eussent la prétention de l'i-
» miter, et le cœur de cesser de battre, et le

» sang de s'arrêter soudain ! Ne doivent-ils

» pas travailler encore et sans cesse et tou-

» jours, pour que la vie se maintienne et que

» les volontés du cerveau s'exécutent.

   » N'ayez souci, d'ailleurs, nous revien-

» drons, un jour, bientôt, aux premiers

» froids, quand les feuilles vertes auront

» jauni, quand les feuilles jaunes seront

» tombées, quand nous serons saouls de

» flâneries et de promenades, nous revien-

» drons et nous aurons alors toute la longue

» saison d'hiver pour batailler sur le bien

» public ; et si nous ne faisons force beso-

» gne, du moins ferons-nous force discours.

» N'est-ce pas assez de cinq mois sur douze

» pour satisfaire à nos devoirs législatifs ?

» Le vrai progrès s'obtient par de courtes

» étapes. *Piano ! — sano !* dit l'italien. Il

» n'est en somme si bon cheval qui ne bron-

» che, si on néglige, entre temps, de le re-

» mettre au vert. Partons et rions ! Rions et

» partons ! C'est le plus sage et le plus com-
» mode ! Ne sommes-nous pas prorogés en-
» fin ! Prorogés, c'est-à-dire absous ; proro-
» gés, c'est-à-dire contraints de quitter la
» place ; *PROROGÉS !* entendez-vous
» bien ? Ce mot répond à tout comme le
» *Sans dot !* de Molière. Que voulez-vous
» que fasse une chambre prorogée ? »

Allons donc ! un peu de pudeur. Ne transformons pas en problèmes ces banalités parlementaires dont les solutions ne peuvent faire défaut qu'à ceux qui s'en garent. A cette question, complaisamment répétée il y a deux mois, la presse fit cent réponses et vous donna d'énergiques conseils ; trop énergiques à votre gré, sans doute, car votre retraite devint un sauve-qui-peut.

Quant à nous, les naïfs de la génération nouvelle, — comme il vous plaît à dire, —

nous qui veillons avec un soin jaloux sur
cet avenir qui sera notre part d'histoire, et
qui avons la prétention d'engranger nous-
mêmes la moisson bientôt mûre de nos libertés reconquises, nous n'admettrons dé-
sormais, nous n'accepterons ni compromis,
ni demi-mesures, ni transactions avec l'en-
nemi. Quelques-uns d'entre vous, épuisés
par des luttes longtemps infécondes, ont cru
prudent de prendre des chemins de tra-
verse. Il est l'heure de se rallier sur la
grande route et de regarder en face, et
d'attaquer de front les obstacles qui bar-
rent la voie. Tel est aujourd'hui le devoir
imprescriptible des mandataires de la nation.

Nous n'ignorons pas, certes, que la plupart d'entre vous sont peu diposés à écou-
ter de cette oreille ; qu'il y a plus d'un
Benoist dans la chambre ; et que, parmi les

proclamés de 1869, le plus grand nombre se sent bien plutôt commissionné par les préfets et le ministre, qu'investi d'un mandat populaire, et préfère logiquement au programme de ses électeurs le mot d'ordre de la place Beauveau.

Mais nous n'avons pas aujourd'hui besoin de nous préoccuper, outre mesure, de ces inféodés. Leur nombre a seul pu faire illusion sur leur valeur. Ralliés par les appels de basse-taille d'un ministre à forts poumons, ils ont fait échec, il est vrai, trop longtemps, aux aspirations du pays; mais maintenant dévoyés, démembrés, entamés, réduits à se diriger eux-mêmes, cherchant un *speaker* et ne le trouvant pas, ils vaguent de Forcade à Gressier et de Dumiral à David, ne sachant où se grouper, incapables enfin d'arrêter et de confisquer au passage les volontés du peuple, dès qu'elles sauront se manifester avec autorité.

C'est à ceux qui ont franchement répudié la tutelle et dégrafé leur bourrelet que nous nous adressons ;

A ceux qui ont entendu gronder la marée montante et se sont joints à nous pour réclamer l'abdication du pouvoir person-nel ;

Aux habiles, néo-convertis du mois de juillet, haussiers politiques, compromis par une situation mal engagée, qui ont su, comme à la Bourse, se retourner à temps sur le marché législatif, et se sont empressés de vendre, à tout prix, d'une heure à l'autre, leurs illusions conservatrices et leurs préjugés autoritaires, débarrassant à la hâte leur conscience de ces valeurs ava-riées, pour n'être pas exécutés, au jour de la liquidation menaçante ;

A ceux qui ont rompu les mailles du filet préfectoral et passé au travers, grâce à ces quatre millions d'électeurs nouveaux que redoutait si fort et si justement l'ex-ministre d'État ;

A ceux enfin qui luttent depuis 1863 et qui, après avoir prêché d'exemple, doivent aujourd'hui donner l'impulsion, sous peine d'impopularité.

Vous vous êtes accordés un jour pour affirmer ensemble le droit de la France à se gouverner elle-même.

C'était bien, et le pays vous a soutenu de ses acclamations.

Mais aviez-vous donc dépensé toute votre énergie dans ce premier effort que d'un signe, d'un mot, d'une promesse, le gouvernement ait pu vous disperser sans résistance et vous désarmer en un tour de main ? Aviez-vous donc épuisé, en un jour, toute la chaleur de vos convictions que ce vague programme de réformes insuffisantes vous ait fermé la bouche, et qu'au premier mot de prorogation, acceptant cette impertinence comme une bonne fortune, vous vous soyez crus si facilement quittes envers le pays et si bien en règle avec votre mandat ?

Aucun de vous, cependant, ne s'imagine que ses obligations cessent dès que la caisse du Corps législatif est fermée, et que son zèle n'est exigible qu'autant que l'indemnité court. Aucun de vous ne s'humilie au point de croire que la session close, — légalement ou non, — il redevient Gros-Jean comme avant l'élection, et que les portes du Palais Bourbon une fois fermées, il perd ce caractère indélébile de mandataire du peuple que lui a imprimé le suffrage universel.

D'où vient donc cette apathie soudaine, cet abandon de vous-mêmes, ce détachement inexplicable des événements politiques, cette désertion étrange du champ de bataille, au moment même où s'engageait l'action ? Ne vous sentiez-vous bons qu'à faire des discours? N'étiez-vous plus vous-mêmes en dehors de la tribune? Ce qui se passait, ce qui se disait, ce qui se complotait en certains milieux contre la liberté, n'éveillait en vous, il faut le croire, ni une opinion, ni un sentiment, pas même une inquiétude. Et tandis qu'on discutait, à huis clos, de combien de grammes on pourrait diminuer sans inconvénient le poids des chaînes qui nous entravent, vous quittiez tranquillement la partie, le sourire aux lèvres, en faisant galamment la révérence à ces administrateurs d'occasion qui ont trouvé alors simple et commode de vous congédier, pour que vous ne gêniez pas leurs pratiques.

Donc, la tribune vous était fermée, c'est vrai. Mais vous aviez la presse qui ne demandait pas mieux que d'enregistrer vos protestations, qui les sollicitait même, et qui vous eût fait large place pour vos critiques et vos revendications. Mais vous aviez les

réunions publiques où votre présence eût
peut-être contraint les commissaires de po-
lice à respecter la loi que vous avez faite et
qu'ils semblent chargés de rendre imprati-
cable. Mais vous aviez le droit de vous con-
certer, le droit de prendre des résolutions
communes et de les proclamer, le droit d'a-
gir sur l'opinion et de vous faire ses inter-
prètes, vous aviez enfin le devoir d'affirmer
par votre attitude la permanence et l'autorité
supérieure de votre mandat et de protester
au nom du suffrage universel contre toute
modification apportée au pacte social en dehors du concours des élus du pays.

L'avez-vous fait? Est-ce ainsi que vous
avez compris votre rôle? Où sont vos protestations? Où siégent vos comités? Quels
succès avez-vous obtenus? Quelles humilia-
tions avez-vous infligées à vos adversaires?

J'attendrais longtemps la réponse.

Vous n'avez rien fait, rien tenté, rien voulu.

Et vous espérez que nous aurons foi en vous, que nous prendrons patience, et que nous nous reposerons sur vous de la tâche à accomplir !

En conscience, si nos aïeux de 1789 eussent montré cette soumission bénévole et cet inaltérable sang-froid, croyez-vous qu'ils eussent pu jamais avoir raison, même du *ministère des cent heures?* Ils se fussent fait bafouer par les Breteuil, les Berthier de Sauvigny, les Foulon, les Barentin, les de Broglie, comme vous l'avez été par le cabinet Bourbeau-Forcade. Mais ils entendaient, à la vérité, autrement leur mission, et ne savaient pas équivoquer sur le droit et la légalité. Le jour où les échos de leurs délibérations gênèrent le pouvoir royal, ils n'ont pas répondu à M. de Dreux-Brézé en bouclant leur valise et prenant congé.

Est-ce qu'ils ont senti ce besoin si pressant de repos et de vacances du 5 mai 89 au 30 septembre 91 ? Est-ce que pendant cette longue session de vingt-neuf mois, ils ont été tentés un seul jour de quitter leur rude besogne pour courir aux vendanges, en disant au peuple : « Tu peux attendre ! »

Et ne venez pas nous dire, pour excuse, que les temps sont changés, qu'il y a quatre-vingts ans d'écoulés, que les ardentes nécessités d'alors ne se peuvent comparer aux souffrances d'aujourd'hui. Le devoir ne s'interprète pas de deux manières. Ils ont su accomplir le leur jusqu'au bout, sans faiblir ; et vous avez déserté le vôtre.

Qu'on ne s'y trompe pas d'ailleurs, entre ces deux époques de réveil populaire il y a plus d'une analogie. Aveugle qui ne le voit pas !

Est-il si bien tombé par terre pour ne se

plus relever, cet ancien régime qu'il s'agissait alors de renverser? N'en reste-t-il plus de trace? N'en a-t-on restauré aucun abus? Ces hontes, qui soulevaient l'indignation généreuse de la France nouvelle, sont-elles si loin de nous qu'elles n'aient d'autre intérêt qu'un souvenir d'histoire?

Mais il suffit de regarder autour de soi. Tous les vieux priviléges se dressent sous des noms nouveaux :

Les bastilles modernes sont plus inexpugnables que celles qu'ont abattues nos pères.

L'oligarchie insolente de la fonction a remplacé l'aristocratie de la race.

La dîme et les gabelles, la taille et la corvée pèsent, plus lourdes que jamais, sur le salaire du travailleur.

Nous avons si bien manœuvré depuis trois quarts de siècle; nous nous sommes si ardemment dévorés les uns les autres, au profit de quelques larrons, que nous avons permis qu'on nous arrachât une à une ces conquêtes qui avaient coûté tant de sang, que nous avons laissé renaître et pulluler la race des tyranneaux, courtisans, exploiteurs, complices-nés de tous les égorgements de libertés, et que nous nous sommes réveillés un beau jour garrottés, bâillonnés, la corde au cou, comme au beau temps des grands prévôts et de la sainte inquisition.

Mais tous, ou presque tous, vous semblez vous plaire à ne voir que le côté mesquin de la question. D'avance vous êtes résignés à un minimum de réformes suffisant à peine pour satisfaire les badauds et les gobe-mouches. Aussi, selon vous, la tâche est-elle si facile qu'on peut la remettre au lendemain ; la victoire est tellement certaine qu'il n'y a nul péril à laisser les Breteuil et les Delaunay de 1869 se fortifier tout à leur aise. En un jour, n'est-il pas vrai, vous réparerez ces longs mois d'inaction, et vous regagnerez en une heure et sans coup férir tout le terrain perdu ?

Pas de fanfaronnades. Le moment est grave.

Avouez-le : sur le point de jouer cette rude partie vous hésitez ; vous réfléchissez avant d'engager la lutte ; vous ne s entez pas d'assez près les coudes de vos voisins ; vous n'avez foi qu'à demi dans la persévérance de vos alliés ; le terrain parlementaire vous semble étroit, et vous n'osez vous risquer, par un coup d'éclat, sur le terrain populaire ; et doutant du succès, vous ajournez l'attaque, et vous vous retranchez derrière le moindre obstacle pour ajourner encore, derrière le plus futile prétexte pour ajourner toujours.

En ce cas mieux vaudrait l'aveu sincère de votre impuissance, mieux vaudrait une

franche retraite que ce démoralisant spec-
tacle du désarroi politique de la représentation nationale ; si la plupart d'entre vous
ne se sentent pas de taille à remplir le rôle
qui leur a été confié, s'ils ne croient pas
pouvoir justifier les espérances de leurs
commettants, qu'ils résignent, sans plus
tarder, ces pouvoirs qu'ils ne sauraient faire
respecter dans leur intégrité, au milieu des
événements qui se préparent, et qu'ils pas-
sent la parole à de plus dignes.

Ne nous accusez pas de charger les cou-
leurs du tableau ou de prendre le roulement
d'un chariot pour le grondement du ton-
nerre. Laissez dire les Prudhomme, les
Pangloss, les Benoist, qui vont répétant que
tout est pour le mieux dans le meilleur des
empires.

Laissez raisonner les sceptiques, contents
de peu, qui cherchent à éteindre, à l'aide

des théories glaciales de leur philosophie uti-
litaire, les ardeurs grandissantes d'un peuple enfin réveillé.

Il n'y a pas à discuter avec les premiers,
car ce qui fait leur joie fait notre deuil, ce
qui les ravit nous indigne, et ce qui les
exalte cause l'humiliation de la France.

Quant aux autres qui se font les compères
inconscients de la dictature, plaignons-les
de se croire tenus, par peur de l'ouragan
populaire, d'en nier les symptômes, de railler
ceux qui le pressentent et l'annoncent, et
sur le calme trompeur de la veille de se
porter garants de la sérénité du lendemain.

Ah! les bons almanachs qu'a La Châtre!

Parce qu'il y a eu, par force, depuis quatre-vingts ans, des heures de trêve, des
périodes d'épuisement, des temps de calme
plat, vous imaginez-vous que nous ayons
accompli, terminé, clos le cycle de notre
grande Révolution? Elle a pu être comprimée,

oui; muselée, assurément; mais réduite à merci et résignée à sa défaite, non pas. Cette immense force latente qui jaillit et se répand en flots de lave, chaque fois qu'elle peut se frayer un passage, n'en est pas à sa dernière éruption ; on a pu lui boucher les issues pour des années, mais elle prend sa revanche et ne s'apaisera définitivement que le jour où elle aura inondé, tout à son aise, de ses cendres fécondantes, le sol entier de la patrie.

Depuis la brillante aurore de 1789, depuis la sombre éclipse de Brumaire, la Révolution a-t-elle donc permis qu'on l'oubliât ? Vous a-t-elle ménagé les avertissements ? N'a-t-elle pas plus d'une fois renversé d'un souffle les constructions mal assises du mensonge ambitieux et cupide? En vain on l'endort, on la trompe ; on croit lui rogner les ongles et lui arracher les dents, on se dit à l'abri de son réveil ; puis un beau jour, il se trouve que les ongles et les dents ont repoussé, qu'elle secoue sa torpeur, se dresse, comme le spectre de Banco, et vient redemander compte de la liberté disparue.

Aussi, sachez-le bien :

Tant qu'on essayera de ruser avec elle, tant qu'on s'étudiera à fausser son programme, lui dérobant d'une main ce qu'on aura été forcé de lui restituer de l'autre ;

Tant qu'il subsistera au détriment de la nation, sous mille formes et mille noms divers, des priviléges et des privilégiés ;

Tant que la force brutale sera maîtresse d'imposer ses caprices, de suspendre les lois ou de les interpréter à sa guise, grâce à ses prisons, à ses casernes, à son artillerie, à ses douze cent mille baïonnettes ;

Tant que le pouvoir, — de quelque nom qu'il s'appelle, impérial, royal ou républicain, — oubliant l'origine de son mandat, s'efforcera de reconstituer sourdement, à son profit, l'ancien régime, et tout en faisant, pour la forme, maintes génuflexions hypocrites devant la toute-puissance du suffrage universel, ne visera qu'à en comprimer, à en fausser les manifestations, pour disposer en maître et sans contrôle de nos destinées, de nos biens et de nos personnes, au lieu de rester le très-humble délégué du pays et l'exécuteur respectueux de ses volontés ;

Tant que la justice ne sera pas organisée en dehors des influences gouvernementales, et que partout, dans tout tribunal civil ou criminel, de première instance comme de dernier ressort, on ne trouvera pas, à côté du juge, librement et directement élu par le peuple, un conseil de jurés choisis par leurs concitoyens ;

Tant que la responsabilité la plus rigide ne sera pas la sanction légale de toutes fonctions publiques, et la garantie des citoyens, et qu'on n'aura pas appris à ces fonctionnaires qu'ils doivent respect et soumission aux contribuables qui les nourrissent;

Tant que l'élection ne sera pas devenue la source légitime de tout pouvoir, du haut en bas de l'échelle hiérarchique, et que la révocation ne sera pas de droit strict pour tout groupe d'électeurs, ayant à se plaindre de son mandataire ;

Tant que l'ordre fécond et une économie sévère n'auront pas été apportés dans nos finances ; que le budget des dépenses, qui entame aujourd'hui son troisième milliard, pourra grandir sans contrôle efficace, et qu'on n'aura pas fermé les abîmes de dilapidation parasite où s'engouffre sans fruit le produit le plus net de l'impôt ;

Tant que l'impôt national ne sera pas enfin réparti d'après la seule base équitable, le revenu, et qu'il continuera à peser du plus lourd de son poids sur le malheureux qui ne possède que son salaire, et à qui le fisc, non content de rogner son morceau de pain et sa portion de viande, ose disputer jusqu'au sel de la mer et jusqu'à l'eau des fontaines ;

Tant que la presse, garantie sacrée de l'opinion, organe de tout contrôle, interprète naturelle d'un peuple libre, ne sera pas délivrée des mailles serrées d'une législation pénale, inextricable et odieuse, qui ne tend qu'à transformer en délits et en crimes le droit de faire entendre la vérité ;

Tant que l'indépendance et la sécurité des citoyens ne seront pas, par la loi et par la conscience publique, placées si haut, estimées si fort qu'y porter atteinte, sans motifs justifiables et légaux, devienne un crime public, chèrement expié ;

Tant que la liberté de réunion, le droit de s'associer ne seront pas débarrassés de toute entrave et de toute réglementation ;

Tant que l'instruction, due à tous, ne sera pas la première dépense inscrite au budget, et la plus largement dotée;

Tant que la liberté absolue des cultes ne sera pas une vérité, et que la séparation des Églises et de l'État ne sera pas accomplie sans retour, laissant aux fidèles le soin d'entretenir, de choisir, d'élire et de révoquer leurs ministres, vicaires, curés, évêques ou rabbins;

Tant que la commune, la ville, le département, la région n'auront pas reconquis leur autonomie et rompu à jamais les chaînes de cette centralisation despotique qui prétend disposer en leur lieu et place de leurs destinées et de leurs deniers;

Tant que le pouvoir constituant ne sera pas enfin restitué à la Chambre législative élue, seule fondée en droits et en titres pour faire respecter, pour réviser à époques fixes et prévues, pour modifier selon les circonstances le pacte social qui ne peut logiquement engager la nation que si elle a présidé à sa rédaction et à ses révisions par ses mandataires directs ;

Tant que ces réformes essentielles, urgentes, inévitables ne seront pas réalisées, il pourra se faire des accalmies, une trêve, mais point de paix durable, et nous nous traînerons toujours, jusqu'au dénoûment prévu, n'en déplaise aux contradicteurs, de convulsions révolutionnaires en convulsions sociales.

Mais êtes-vous bien les hommes de ce programme ?

Permettez-moi d'en douter.

Il ne me faudrait pas chercher bien long-temps pour trouver parmi vous quelques bonnes âmes prêtes à répudier comme une manifestation anarchique le sénatus-consulte qui nous paraît, à nous, usé avant d'avoir servi.

La composition hybride de votre Parlement, mal équilibré, le rend incapable, j'en conviens, de rien entreprendre de considérable, de rien tenter de radical. Mais cependant tels que vous êtes, il vous est possible, avec un peu de foi et de volonté, de vous relever devant l'opinion et de vous ménager une retraite honorable, presque glorieuse.

Car c'est à vous qu'il appartient de poser dès aujourd'hui les graves questions qui agitent et enflamment toutes les pensées ; c'est à vous qu'est confié le soin de déblayer le terrain pour la nouvelle constituante ; c'est à vous de traduire par une mise en demeure nette et résolue les nécessités de la situation; c'est de vous que devra partir le premier signal de la grande refonte sociale que toutes les fins de non-recevoir officielles ne sauraient retarder plus longtemps et à laquelle de sourdes et menaçantes promesses de coups d'État ne nous empêcheront pas de travailler avec ardeur et confiance.

Votre mission est précise, elle est courte, elle doit être féconde.

En quelques mots la voici :

Rédiger le règlement de la Chambre nouvelle ;

Réformer la loi électorale ;

Inscrire dans la constitution l'élection directe des maires par les communes ;

Rayer à jamais de nos codes l'article 75 de la Constitution de l'an VIII.

Que votre règlement soit de nature à permettre à l'initiative parlementaire la plus large et la plus libre expansion ;

Que votre nouvelle loi électorale, en assurant à chacun des 373 arrondissements au moins un député, interdise sévèrement aux fonctionnaires d'une intelligence trop déliée le pouvoir de remanier, au gré de leurs petits complots, les circonscriptions fixées par une loi et qu'une loi seule pourra modifier à l'avenir ;

Enfin que la restitution absolue, faite aux communes, du droit naturel de choisir elles-mêmes leur magistrat municipal, en leur faisant recouvrer leur indépendance politique, et que l'abrogation solennelle de l'article 75, — corroborée par une loi sévère sur la responsabilité des agents du pouvoir, — viennent par vos mains porter le dernier coup au système des candidatures officielles et rendre au suffrage universel toute sa sincérité.

Alors résignant ces pouvoirs, que nombre d'entre vous, je le souhaite, auront mérité qu'on leur renouvelle, vous pourrez quitter la place le front haut, emportant au moins la conscience d'avoir concouru pour votre part légitime à l'œuvre immense de régénération dont les prémisses ont été posées le 24 mai 1869.

Paris, 3 octobre.

J'avais — avec intention — réservé la question constitutionnelle, bien que déjà Paris commençât à s'émouvoir, bien qu'un rendez-vous eût été donné, bien que la date du 26 octobre circulât de bouche en bouche.

Je me plaisais à faire crédit au ministère d'une bonne inspiration.

C'était un tort.

Je n'aurais pas dû oublier que M. Forcade La Roquette, étroitement verrouillé dans l'hôtel Beauveau, proteste, à coups de tic et de tête, qu'on ne lui arrachera son portefeuille que par la force ; je n'aurais pas dû méconnaître les angoisses de MM. Gressier, Le Roux et Bourbeau, qui se disent avec beaucoup de sens que jamais pareille occasion de jouer à l'Excellence ne se représentera plus pour eux ; je n'aurais pas dû, surtout, conserver la moindre illusion sur les visées intimes de ce conseil où dominent en majorité les escamoteurs de questions, les amateurs de reculade et les disciples de Gribouille.

Et pas un d'entre eux, effrayé des conséquences possibles de cette aveugle résistance aux vœux légitimes du pays, ne s'est levé pour leur dire :

« Prenons garde, Messieurs, qu'un jour on ait le droit de nous accuser d'avoir fait de l'Empire et de la dynastie les enjeux de nos petites personnalités! »

A la date du 26 octobre, dernier délai constitutionnel, le cabinet responsable réplique par celle du 29 novembre.

Est-ce maladresse? Est-ce provocation?

S'il ne cherche pas un conflit, pourquoi le gouvernement impérial semble-t-il prendre plaisir à se faire acculer ainsi contre un article précis de sa propre constitution? Quel besoin si pressant de braver le sentiment public, d'affronter, pour si peu, les jeunes générations qui n'ont pas participé au plébiscite de 1851? Que fera-t-il, le 26 octobre, si tout député ayant souci de son mandat vient frapper à la porte du Palais Bourbon?

Assurément ce n'est pas sur la représentation nationale qu'on voudrait éprouver les nouvelles merveilles du chassepot et de la mitrailleuse.

C'est donc alors que les hommes qui nous gouvernent en sont venus à méconnaître et mépriser la France au point de la croire incapable d'une heure de virilité?

On ne joue pas de gaieté de cœur une partie plus dangereuse et plus sinistre.

Le pays est profondément remué. En réponse à ce défi porté à l'opinion, il peut exiger de ses mandataires une protestation solennelle et énergique. De toutes parts, déjà, on les convie, on les encourage à se rendre, le 26 octobre, où le devoir les réclame, où la loi constitutionnelle les appelle.

Certes, ils n'y seront pas seuls.

MM. Forcade et consorts sont-ils bien sûrs que ce jour-là les deux cent cinquante mille électeurs de Paris ne se lèveront pas en masse pour appuyer cette protestation parlementaire, pour faire cortége aux députés, pour les acclamer et pour les défendre au besoin?

Le ministère est-il bien certain d'avance qu'il trouvera, dans ce cas, un honnête moyen de sortir à sa gloire de cette crise née de son imprudence ?

D^r Px.

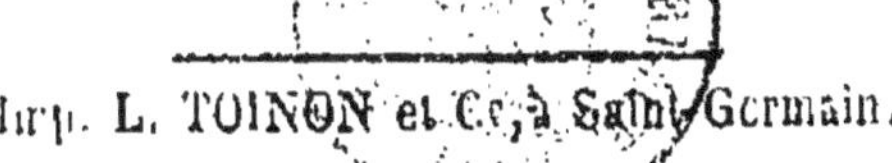

Imp. L. TOINON et Ce, à Saint-Germain.